CONTANDO LAS RESPIRACIONES con el Conde Contar

Un libro sobre la conciencia plena

Katherine Lewis

ediciones Lerner ◆ Mineápolis

La misión de Sesame Street siempre ha sido enseñarles a los niños mucho más que solo el abecedario y los números. Esta serie de libros que promueven rasgos de la personalidad positivos como la conciencia plena, la gratitud, la autoconfianza y la responsabilidad ayudarán a los niños a crecer y convertirse en la mejor versión de ellos mismos. Por eso acompaña a tus amigos divertidos y peludos de Sesame Street mientras aprenden a ser más inteligentes, más fuertes y más amables y le enseñan a serlo a todo el mundo.

Saludos. Los editores de Sesame Street

CONTENIDO

¿Qué es la conciencia plena?	**4**
Tener conciencia plena	**6**
¡Ser un amigo!	21
Glosario	22
Otros títulos	23
Índice	23

¿Qué es la conciencia plena?

La conciencia plena es prestar atención a tu cuerpo, tus pensamientos y tus sentimientos.

Tener conciencia plena

La conciencia plena nos ayuda a concentrarnos.

Cuando tengo conciencia plena, me siento en paz.

Nos ayuda a sentirnos tranquilos y relajados.

Cuando tenemos conciencia plena, observamos nuestros pensamientos.

Concentrarnos en nuestros sentidos puede ayudarnos a tener conciencia plena.

¿Qué ves, hueles, oyes, saboreas y sientes a tu alrededor?

Podemos explorar el mundo a través del tacto, el gusto, el olfato, la vista y los sonidos.

Algunas veces nos sentimos tristes, como cuando se rompe nuestro juguete favorito o cuando las cosas no salen como queremos.

Respirar profundo nos ayuda a sentirnos tranquilos. Probemos la respiración abdominal juntos.

Con las manos sobre el abdomen, inspira profundamente por la nariz.

Luego deja salir el aire lentamente por la boca.

¿Cómo te hace sentir la respiración abdominal?

La conciencia plena también nos ayuda a observar cuando nos sentimos bien.

¿Qué cosa te hace sentir bien?

Es posible que te sientas bien durante el momento de los cuentos o cuando estás jugando con tus amigos.

¡Contar hasta 10 es mi forma favorita de usar la conciencia plena!

Tener conciencia plena nos ayuda a bajar la velocidad y observar nuestros sentimientos. Nos ayuda a sentirnos tranquilos y concentrados.

¡SER UN AMIGO!

Enséñale a un amigo a usar la respiración abdominal. Dile que tiene que inspirar por la nariz como si estuviera oliendo una flor. Luego dile que tiene que largar el aire por la boca como si estuviera haciendo burbujas. ¡Esa es una respiración abdominal!

Glosario

concentrarse: pensar en algo

conciencia plena: bajar la velocidad y concentrarte en lo que estás haciendo

tranquilo/a: en calma y feliz

observar: prestar atención a algo

Otros títulos

Kenney, Karen Latchana. *Monstruo tranquilo, monstruo amable: Guía de Sesame Street para la conciencia plena.* Mineápolis: ediciones Lerner, 2024.

Olson, Elsie. *Be Well! A Hero's Guide to a Healthy Mind and Body.* Mineápolis: Super Sandcastle, 2020.

Peters, Katie. *Being Mindful.* Mineápolis: Lerner Publications, 2022.

Índice

observar, 5, 8-9, 18, 20

respiración, 14

sentidos, 10

sentimientos, 4, 20

Créditos por las fotografías

Créditos de las imágenes: franckreporter/E+/Getty Images, p. 4; petrograd99/iStock/Getty Images, p. 5; filadendron/E+/Getty Images, p. 6; JGI/Daniel Grill/Tetra images/Getty Images, p. 7; mgstudyo/E+/Getty Images, p. 8; Mayur Kakade/Moment/Getty Images, p. 9; JohnAlexandr/iStock/Getty Images, p. 10; StockPlanets/E+/Getty Images, p. 11; Christian Adams/The Image Bank/Getty Images, p. 12; szefei/iStock/Getty Images, p. 13; FatCamera/E+/Getty Images, p. 14; Tang Ming Tung/Stone/Getty Images, p. 15; Tomwang112/iStock/Getty Images, p. 16; knape/E+/Getty Images, p. 17; Ariel Skelley/DigitalVision/Getty Images, p. 18; WHL/Tetra images/Getty Images, p. 19; monkeybusinessimages/iStock/Getty Images, p. 20.

Traducción al español: ® and © 2025 Sesame Workshop. Todos los derechos reservados.
Título original: *Counting Breaths with the Count: A Book about Mindfulness*
Texto: ® and © 2024 Sesame Workshop. Todos los derechos reservados.
La traducción al español fue realizada por Zab Translation.

Todos los derechos reservados. Protegido por las leyes internacionales de derecho de autor. Se prohíbe la reproducción, el almacenamiento en sistemas de recuperación de información y la transmisión de este libro, ya sea de manera total o parcial, por cualquier medio o procedimiento, ya sea electrónico, mecánico, de fotocopiado, de grabación o de otro tipo, sin la previa autorización por escrito de Lerner Publishing Group, Inc., exceptuando la inclusión de citas breves en una reseña con reconocimiento de la fuente.

ediciones Lerner
Una división de Lerner Publishing Group, Inc.
241 First Avenue North
Mineápolis, MN 55401, EE. UU.

Si desea averiguar acerca de niveles de lectura y para obtener más información, favor consultar este título en www.lernerbooks.com.

Fuente del texto del cuerpo principal: Billy Infant. Fuente proporcionada por SparkyType.

Library of Congress Cataloging-in-Publication Data

Names: Lewis, Katherine, 1996-author.
Title: Contando las respiraciones con el conde Contar : un libro sobre la conciencia plena / Katherine Lewis.
Other titles: Counting breaths with the Count. Spanish
Description: Mineápolis : Ediciones Lerner, [2025] | Series: Guías de personajes de Sesame Street ® en Español | Includes bibliographical references and index. | Audience: Ages 4-8 | Audience: Grades K-1 | Summary: "Learn how to slow down and breathe with the Count and your Sesame Street friends. Young readers will discover how to practice mindfulness and use it in their everyday lives. Now in Spanish!"—Provided by publisher.
Identifiers: LCCN 2023054756 (print) | LCCN 2023054757 (ebook) | ISBN 9798765623886 (library binding) | ISBN 9798765627884 (paperback) | ISBN 9798765630747 (epub)
Subjects: LCSH: Mindfulness (Psychology)—Juvenile literature. | Breathing exercises—Juvenile literature.
Classification: LCC BF637.M56 L4918 2025 (print) | LCC BF637.M56 (ebook) | DDC 158.1/3—dc23/eng/20240105

LC record available at https://lccn.loc.gov/2023054756
LC ebook record available at https://lccn.loc.gov/2023054757

Fabricado en los Estados Unidos de América
1-1010117-51838-12/5/2023